①

100	
50	
	25
60	
	30
10	
	100

②

1000	
	500
250	
	600
300	
	100
1 000	

③

1000	

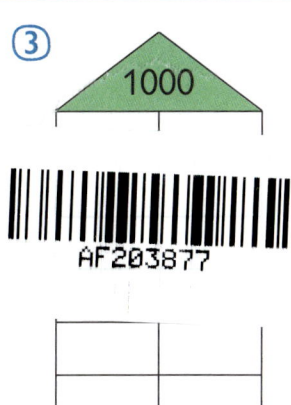

AF203877

④ 100, 200, 300, _____, _____, _____, _____,   immer: _____

⑤ _____, _____, 125, 150, _____, 200, _____,   immer: _____

⑥ _____, _____, _____, 250, 300, 350, _____,   immer: _____

⑦ 500, 475, 450, _____, _____, _____, _____,   immer: _____

⑧ 1 000, 950, 900, _____, _____, _____, _____,   immer: _____

⑨

·	5	50
9		
6		
3		
5		
8		
2		
4		
10		

⑩

·	10	100
4		
2		
8		
7		
10		
3		
6		
9		

⑪

:	5	50	10
500			
250			
300			
600			
750			
850			
900			
450			

① Vorgänger, Nachfolger

6428	6429	6430
		8671
	4590	
3858		
		2801
	9999	

② Nachbarhunderter

3400	3473	3500
	4761	
	7000	
	9239	
	2007	
	6054	

③

10000

5000	
	2000
7000	

④

10000

4500	
	2500
6500	

⑤

10000

4550	
	2550
6550	

⑥ 36 : 9 = ____
360 : 90 = ____
360 : 9 = ____

⑦ 18 : 6 = ____
180 : 6 = ____
180 : 60 = ____

⑧ 150 : 30 = ____
15 : 3 = ____
150 : 3 = ____

⑨ 300 : 6 = ____
300 : 60 = ____
30 : 6 = ____

⑩ 72 : 9 = ____
720 : 9 = ____
720 : 90 = ____

⑪ 9 : 3 = ____
90 : 30 = ____
900 : 30 = ____

⑫

·	5	6	4	7	9
2					
3					
4					

⑬

·	10	12	8	14	18
2					
3					
4					

Super M

Mathematik für alle

4

Rechentraining

Herausgegeben von
Ursula Manten
Gudrun Hütten
Klaus Heinze

Erarbeitet von
Corinna Brännström
Anja Schulze

Cornelsen

①

·	2	7	5	3	9
8					
4					
6					

②

:	4	8	6	7
12		R		R
24				R
48				R

③ 3 + 5 = ____ ④ 6 + 9 = ____ ⑤ 8 + 8 = ____

   23 + 35 = ____   16 + 59 = ____   88 + 68 = ____

223 + 135 = ____ 316 + 459 = ____ 288 + 568 = ____

⑥ 9 − 4 = ____ ⑦ 7 − 3 = ____ ⑧ 5 − 2 = ____

   69 − 14 = ____   47 − 13 = ____   35 − 12 = ____

669 − 214 = ____ 747 − 513 = ____ 835 − 412 = ____

⑨ 4 2 · 7 =

⑩ 7 5 · 5 =

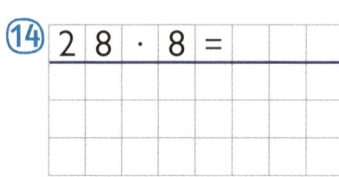
Kannst du das?

⑪ 5 3 · 5 =

⑫ 3 6 · 7 =

⑬ 6 4 · 6 =

⑭ 2 8 · 8 =

①

Überschlage und verbinde!

6733 + 1561	17345 − 6899

Ergebnis > 10 000	Ergebnis < 10 000

5624 + 5406	7989 + 3970	11872 − 3104

② Nachbarzehner

9470	9471	9480
	7150	
	3637	
	5019	
	4895	
	8701	
	6540	
	2382	

③ Nachbartausender

4000	4127	5000
	7990	
	2348	
	5000	
	8451	
	3032	
	9716	
	6205	

Ergänze!

④ 2370 + 30 = 2400

4125 + ____ = _____

7460 + ____ = _____

8230 + ____ = _____

5585 + ____ = _____

9715 + ____ = _____

⑤ 2370 + 630 = 3000

4125 + ____ = _____

7460 + ____ = _____

8230 + ____ = _____

5585 + ____ = _____

9715 + ____ = _____

2400, 3000, 4200, 5000, 5600, 6000, 7500, 8000, 8300, 9000, 9800, 10 000

① 47 + 5 = _____
347 + 5 = _____

② 35 + 7 = _____
835 + 7 = _____

③ 68 + 3 = _____
268 + 3 = _____

④ 56 + 8 = _____
456 + 8 = _____

⑤ 84 + 9 = _____
584 + 9 = _____

⑥ 79 + 6 = _____
679 + 6 = _____

⑦ 28 + 7 = _____
_____ + _ = _____

⑧ 49 + 5 = _____
_____ + _ = _____

⑨ 82 + 9 = _____
_____ + _ = _____

⑩ 39 + 4 = _____
_____ + _ = _____

⑪ 73 + 9 = _____
_____ + _ = _____

⑫ _____ + _ = _____
_____ + _ = _____

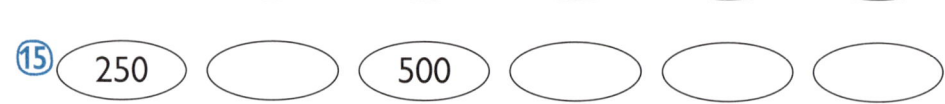

⑬ 200 400 600 1000 1600 2600
(200 + 400) (400 + 600) (600 + 1000) (1000 + 1600)

⑭ 100 300

⑮ 250 500

⑯

·	6	16
2		
4		
8		
7		
5		
3		
9		
6		

⑰

:	6	Probe
14	2 R 2	2 · 6 + 2 = 14
12	2	2 · 6 =
24		
21		
36		
37		
54		
52		

Was fällt dir auf?

① 55 − 8 = ___
155 − 8 = ____

② 72 − 6 = ___
372 − 6 = ____

③ 34 − 9 = ___
734 − 9 = ____

④ 46 − 7 = ___
646 − 7 = ____

⑤ 33 − 5 = ___
433 − 5 = ____

⑥ 91 − 4 = ___
291 − 4 = ____

⑦ 67 − 9 = ___
___ − _ = ____

⑧ 85 − 6 = ___
___ − _ = ____

⑨ 31 − 8 = ___
___ − _ = ____

⑩ 35 + 15 + 47 = ____
22 + 36 + 38 = ____
17 + 29 + 41 = ____
16 + 54 + 19 = ____
33 + 25 + 27 = ____

Rechne geschickt.

⑪ 74 − 24 − 37 = ____
95 − 18 − 45 = ____
68 − 25 − 28 = ____
87 − 17 − 36 = ____
53 − 15 − 13 = ____

⑫

·	2	22
2		
4		
8		
6		
3		
9		
10		
5		

⑬

:	4	Probe
13	3 R 1	3 · 4 + 1 = 13
16		
23		
8		
24		
38		
19		
32		

① 345 + 8 = _____

345 + 80 = _____

345 + 800 = _____

② 754 + 7 = _____

754 + 70 = _____

754 + 700 = _____

③ 417 + 5 = _____

417 + 50 = _____

____ + 500 = _____

④ 986 + 9 = _____

986 + 90 = _____

986 + ____ = _____

⑤ 269 + 3 = _____

269 + 30 = _____

____ + ____ = _____

⑥ 638 + 6 = _____

638 + 60 = _____

____ + ____ = _____

⑦ 523 + 8 = _____

____ + ___ = _____

____ + ____ = _____

⑧ 379 + 9 = _____

____ + ___ = _____

____ + ____ = _____

⑨

·	8	80
9		
7		
8		
6		
5		
3		
4		
2		

⑩

:	8	Probe
20		
16		
63		
32		
51		
48		
72		
22		

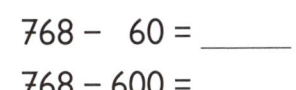

Setze die Päckchen fort!

① $945 - 7 = \underline{\hspace{2cm}}$
  $945 - 70 = \underline{\hspace{2cm}}$
  $945 - 700 = \underline{\hspace{2cm}}$

② $768 - 6 = \underline{\hspace{2cm}}$
  $768 - 60 = \underline{\hspace{2cm}}$
  $768 - 600 = \underline{\hspace{2cm}}$

③ $693 - 5 = \underline{\hspace{2cm}}$
  $693 - 50 = \underline{\hspace{2cm}}$
  $\underline{\hspace{1cm}} - 500 = \underline{\hspace{2cm}}$

④ $854 - 7 = \underline{\hspace{2cm}}$
  $854 - 70 = \underline{\hspace{2cm}}$
  $854 - \underline{\hspace{1cm}} = \underline{\hspace{2cm}}$

⑤ $526 - 4 = \underline{\hspace{2cm}}$
  $526 - 40 = \underline{\hspace{2cm}}$
  $\underline{\hspace{1cm}} - \underline{\hspace{1cm}} = \underline{\hspace{2cm}}$

⑥ $782 - 3 = \underline{\hspace{2cm}}$
  $782 - 30 = \underline{\hspace{2cm}}$
  $\underline{\hspace{1cm}} - \underline{\hspace{1cm}} = \underline{\hspace{2cm}}$

⑦ $379 - 2 = \underline{\hspace{2cm}}$
  $\underline{\hspace{1cm}} - \underline{\hspace{1cm}} = \underline{\hspace{2cm}}$
  $\underline{\hspace{1cm}} - \underline{\hspace{1cm}} = \underline{\hspace{2cm}}$

⑧ $917 - 8 = \underline{\hspace{2cm}}$
  $\underline{\hspace{1cm}} - \underline{\hspace{1cm}} = \underline{\hspace{2cm}}$
  $\underline{\hspace{1cm}} - \underline{\hspace{1cm}} = \underline{\hspace{2cm}}$

⑨

:	70	10	7
210			
490			
350			
560			
630			
140			
280			
420			

⑩

:	7	Probe
21		
15		
19		
35		
49		
38		
41		
56		

①

·	3	30
3		
6		
9		
2		
10		
5		
0		
4		
7		

②

·	9	19
5		
10		
7		
4		
8		
2		
9		
3		
0		

③

·	7	17
9		
7		
8		
2		
4		
6		
3		
5		
10		

④ 200 | 300 | 150

⑤ 500 ; 350 | 150 |

⑥ 400 ; 250 | | 150

⑦ 500 ; 250 ; | | 100

⑧ 25 | 75 | 325

⑨ 850 ; 400 | ; 125 |

Baue Zahlenmauern.
Deckstein 1000.

⑩

⑪

① 18 : 2 = ___
180 : 20 = ___
180 : 2 = ___

② 28 : 4 = ___
280 : 4 = ___
280 : 40 = ___

Hier gibt es viel zu entdecken!

③ 36 : 4 = ___
360 : 40 = ___
360 : 4 = ___

④ 6 : 2 = ___
60 : 2 = ___
600 : 20 = ___

⑤
```
    4 6 8
  + 1 7 3
```
```
    4 5 8
  + 1 7 3
```

⑥
```
    8 7 2
  - 4 2 1
```
```
    8 9 2
  - 4 2 1
```

⑦
```
    7 6 5
  + 1 4 6
```
```
    7 6 5
  + 1 8 6
```

⑧
```
    9 8 6
  - 2 5 7
```
```
    9 8 6
  - 2 5 9
```

⑨
```
    2 9 7
  + 3 3 8
```
```
    5 9 7
  + 3 3 8
```

⑩
```
    5 6 3
  - 2 1 5
```
```
    5 6 3
  - 4 1 5
```

⑪ 200 —+ 50→ [ ] —+ 550→ [ ] —− 300→ [ ]

⑫ 1 000 —− 750→ [ ] —+ 325→ [ ] —+ → 1 000

⑬ 500 —+ → 825 —− → 650 —+ → 1 000

⑭ [ ] —+ 550→ [ ] —− 375→ [ ] —+ 250→ 2 000

11

Das kann ich schon!

① 9 + 8 = _____

7 + 5 = _____

6 + 8 = _____

5 + 9 = _____

5, 7, 7, 8, 9, 12, 14, 14, 17, 70, 80, 90, 100

② 16 − 9 = _____

12 − 5 = _____

15 − 7 = _____

13 − 8 = _____

③ 30 + 40 = _____

60 + 20 = _____

40 + 50 = _____

20 + 80 = _____

④ 18 + 35 = _____

24 + 47 = _____

59 + 13 = _____

26 + 26 = _____

26, 26, 43, 46, 47, 48, 52, 53, 55, 65, 68, 71, 72

⑤ 72 − 17 = _____

65 − 39 = _____

54 − 28 = _____

81 − 13 = _____

⑥ 90 − 47 = _____

70 − 22 = _____

60 − 14 = _____

100 − 35 = _____

⑦ 47 + _____ = 60

18 + _____ = 50

33 + _____ = 70

65 + _____ = 90

11, 11, 12, 13, 13, 14, 16, 17, 25, 26, 32, 34, 37

⑧ 74 + _____ = 90

29 + _____ = 40

53 + _____ = 70

16 + _____ = 50

⑨ 34 + _____ = 47

57 + _____ = 69

88 + _____ = 99

41 + _____ = 55

⑩ Kreuze an, was wahr oder falsch ist.

	wahr	falsch
100 ct = 1 €		
Ein Jahr hat 350 Tage.		
4376 ist eine gerade Zahl.		
64 ist eine Quadratzahl.		
58 ist durch 12 teilbar.		

①

500	
250	
	125

②

1 000	
500	
	250

③

5 000	
2 500	
4 250	

④
$5 \cdot 9 =$ ____
$3 \cdot 4 =$ ____
$7 \cdot 8 =$ ____
$8 \cdot 2 =$ ____
$6 \cdot 3 =$ ____

⑤
$5 \cdot 40 =$ ____
$2 \cdot 30 =$ ____
$3 \cdot 50 =$ ____
$7 \cdot 100 =$ ____
$9 \cdot 80 =$ ____

⑥
$6 \cdot 16 =$ ____
$4 \cdot 12 =$ ____
$8 \cdot 17 =$ ____
$3 \cdot 18 =$ ____
$4 \cdot 19 =$ ____

⑦
$24 : 6 =$ ____
$40 : 8 =$ ____
$18 : 9 =$ ____
$21 : 3 =$ ____
$24 : 4 =$ ____

⑧
$100 : 2 =$ ____
$640 : 8 =$ ____
$240 : 3 =$ ____
$810 : 9 =$ ____
$80 : 4 =$ ____

⑨
$540 : 60 =$ ____
$140 : 20 =$ ____
$270 : 90 =$ ____
$60 : 30 =$ ____
$480 : 80 =$ ____

⑩

+	5	9	7	3
53				
453				

⑪

−	8	9	4	6
38				
738				

⑫

+	8	80	800
411			
672			
307			

⑬

−	5	50	500
789			
615			
830			

①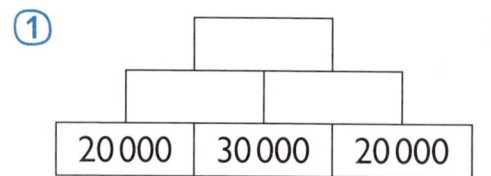

②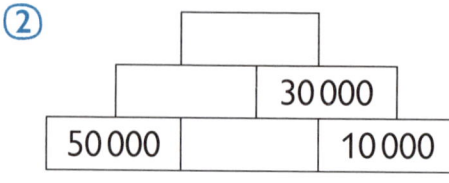

③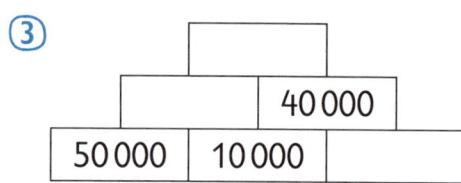

④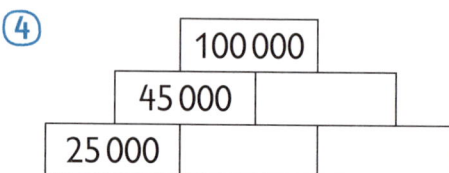

⑤ Vorgänger, Nachfolger

16 498	16 499	16 500
	64 999	
43 239		
		5 601
		21 880
	9 999	
87 428		
	71 999	
		100 000

⑥ Nachbarhunderter

22 400	22 456	22 500
	7 687	
	34 834	
	51 341	
	70 218	
	4 039	
	62 981	
	2 363	
	10 501	

⑦ 53 + 47 = _____

36 + 64 = _____

18 + 82 = _____

40 + 38 = _____

25 + 52 = _____

78 + 16 = _____

Fällt dir etwas auf?

⑧ 53 000 + 47 000 = _____

36 000 + 64 000 = _____

18 000 + 82 000 = _____

40 000 + 38 000 = _____

25 000 + 52 000 = _____

78 000 + 16 000 = _____

①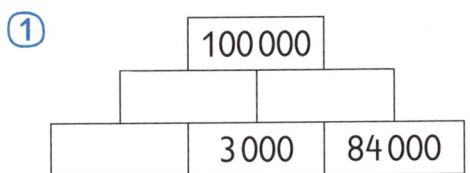

| 100 000 |
| 3 000 | 84 000 |

②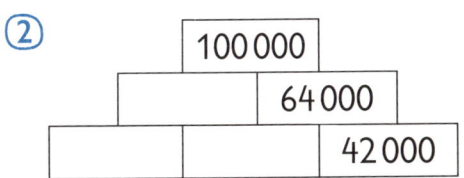

| 100 000 |
| 64 000 |
| 42 000 |

③

Baue Zahlenmauern. Deckstein 100 000.

④ Nachbartausender

24 000	24 498	25 000
	49 377	
	97 783	
	80 565	
	5 211	
	13 939	
	2 604	
	36 162	

⑤ Nachbarzehntausender

40 000	41 908	50 000
	50 445	
	19 121	
	92 387	
	87 622	
	36 295	
	13 599	
	65 371	

⑥ 57 320 + 680 = 58 000

32 450 + 550 = _____

81 630 + ____ = _____

26 910 + ____ = _____

43 880 + ____ = _____

65 590 + ____ = _____

74 570 + ____ = _____

⑦ 57 320 + 2 680 = 60 000

32 450 + 7 550 = _____

81 630 + _____ = _____

26 910 + _____ = _____

43 880 + _____ = _____

65 590 + _____ = _____

74 570 + _____ = _____

① 3 | 5 | 15

3 · 5 = ___
5 · 3 = ___
15 : 5 = ___
15 : 3 = ___

② 4 | 3 |

4 · 3 = ___
3 · 4 = ___
___ : 4 = ___
___ : 3 = ___

③ 9 | | 4

4 · 9 = ___
9 · 4 = ___
___ : 4 = ___
___ : 9 = ___

④ 8 | | 72

8 · ___ = ___
___ · 8 = ___
72 : 8 = ___
___ : ___ = ___

⑤ 5 | | 9

5 · 9 = ___
9 · 5 = ___
___ : ___ = ___
___ : ___ = ___

⑥ | |

___ · ___ = ___
___ · ___ = ___
___ : ___ = ___
___ : ___ = ___

⑦
4 · 7 = ___
4 · 70 = ___
4 · 700 = ___
4 · 7000 = ___

⑧
6 · 9000 = ___
60 · 900 = ___
600 · 90 = ___
6000 · 9 = ___

⑨
3 · 10 = ___
30 · 10 = ___
300 · 10 = ___
3000 · 10 = ___

⑩
5000 · 8 = ___
500 · 80 = ___
50 · 800 = ___
5 · 8000 = ___

⑪ (75)(125)( )( )( )( )

⑫ (750)( )(1500)( )( )( )

16

① 246 · 2 =

2	4	6	·	2	=		
2	0	0	·	2	=		
	4	0	·	2	=		
		6	·	2	=		

② 246 · 4 =

2	4	6	·	4	=		

③ 399 · 3 =

3	9	9	·	3	=		

④ 399 · 6 =

3	9	9	·	6	=		

⑤ 686 · 8 =

6	8	6	·	8	=		

⑥ 686 · 4 =

6	8	6	·	4	=		

⑦

·					
5	25				
6		42	36		
7				56	
8					72

⑧
400 + 300 = _____
500 + 400 = _____
600 + 500 = _____
700 + 600 = _____
800 + 700 = _____
_____ + _____ = _____

⑨
1800 − 900 = _____
1700 − 800 = _____
1600 − 700 = _____
1500 − 600 = _____
1400 − 500 = _____
_____ − _____ = _____

17

①

+	7	70
5 734		
20 734		
90 734		

②

−	7	70
6 000		
60 000		
100 000		

③
```
2 2 3 6 · 4 =
2 0 0 0 · 4 =
  2 0 0 · 4 =
    3 0 · 4 =
      6 · 4 =
```

④ 4 4 7 2 · 2 =

⑤ Überschlage und verbinde.

| 812 · 4 | 414 · 9 | 819 · 5 | 797 · 7 | 331 · 6 |

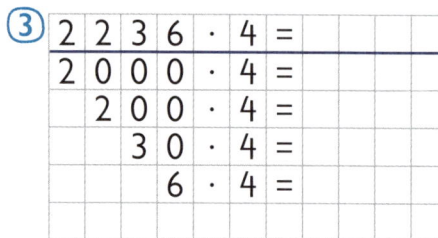

Ergebnis > 4 000   Ergebnis < 4 000

⑥ (350)(750)( )( )( )( )

⑦ (1 250)( )(1 500)( )( )( )

⑧ ( )(525)(20 000)( )( )( )

⑨ (15 000)( )( )(15 000)( )( )

18

① Immer zwei Aufgaben haben dasselbe Ergebnis.
Male sie jeweils mit derselben Farbe an.

| 60 · 70 |

| 700 · 600 |

| 7 000 · 6 |

| 7 · 60 |

| 60 000 · 7 |

| 6 · 70 |

| 700 · 6 |

| 600 · 70 |

② 1 2 3 4 · 5 =

③ 2 4 6 8 · 5 =

④ 2 2 4 1 · 4 =

⑤ 4 4 8 2 · 4 =

⑥ Punkt- vor Strichrechnung.

42 + 8 · 6 = _____

34 + 6 · 3 = _____

63 − 3 · 4 = _____

36 : 4 + 75 = _____

21 + 49 : 7 = _____

⑦

4 · 7 + 3 · 9 = _____

9 · 5 − 3 · 7 = _____

9 · 9 + 0 · 4 = _____

4 · 25 − 5 · 5 = _____

72 : 8 + 60 : 20 = _____

Das kann ich schon!

① 7 · 4 = ____   ② 3 · 3 = ____   ③ 5 · 4 = ____
  9 · 8 = ____   6 · 6 = ____   9 · 0 = ____
  5 · 6 = ____   9 · 7 = ____   8 · 6 = ____
  3 · 5 = ____   4 · 8 = ____   7 · 6 = ____

0, 9, 15, 20, 24, 28, 30, 32, 36, 42, 48, 63, 72

④ 3 · 15 = ____   ⑤ 3 · 50 = ____   ⑥ 7 · __ = 49
 12 · 5 = ____   6 · 70 = ____   __ · 8 = 56
 11 · 7 = ____   40 · 8 = ____   __ · 5 = 45
  2 · 19 = ____   20 · 9 = ____   4 · __ = 16

4, 7, 7, 9, 38, 45, 60, 77, 150, 160, 180, 320, 420

⑦ 27 : 3 = ____   ⑧ 45 : 6 = __ R ____   ⑨ 150 : 5 = ____
 20 : 4 = ____   73 : 9 = __ R ____   210 : 3 = ____
 49 : 7 = ____   65 : 7 = __ R ____   540 : 9 = ____
 48 : 6 = ____   26 : 4 = __ R ____   640 : 8 = ____

5, 6R2, 7, 7R3, 8, 8R1, 9, 9R2, 9R4, 30, 60, 70, 80

⑩ Kreuze alle Aussagen an, die wahr sind.

☐ 24 ist eine Quadratzahl.
☐ 42 ist durch 6 teilbar.
☐ 100 g = 1 kg
☐ Der Monat September hat 30 Tage.
☐ Die Zahl 75 hat nur zwei Teiler.
☐ 8 ist ein Teiler von 56.

① 8 7 □

$8 \cdot 7 =$ ___

$7 \cdot 8 =$ ___

___ $: 7 =$ ___

___ $: 8 =$ ___

② 7 6 □

$7 \cdot$ ___ $=$ ___

$6 \cdot$ ___ $=$ ___

___ $: 6 =$ ___

___ $: 7 =$ ___

③ 3 □ 24

$3 \cdot$ ___ $=$ ___

___ $\cdot\ 3 =$ ___

$24 : 3 =$ ___

___ $:$ ___ $=$ ___

④ □ 4 24

___ $\cdot\ 4 =$ ___

$4 \cdot$ ___ $=$ ___

$24 : 4 =$ ___

___ $:$ ___ $=$ ___

⑤ 5 □ 15

___ $\cdot$ ___ $=$ ___

___ $\cdot$ ___ $=$ ___

___ $:$ ___ $=$ ___

___ $:$ ___ $=$ ___

⑥ Zahlenfolgen:

28 000, 30 000, 32 000, _____, _____,   immer: _____

15 500, 16 000, 16 500, _____, _____,   immer: _____

83 900, 83 600, 83 300 _____, _____,   immer: _____

_____, _____, _____, _____, _____, immer: _____

⑦

+	5	75	275	375
3				
23				
525				
615				

⑧

−	4	14	214	314
539				
739				
414				
524				

21

Rechentraining

①

Vorgänger	Zahl	Nachfolger
	17 569	
54 001		
		75 678
	100 000	
68 000		

②
$72\,500 + 500 = 73\,000$

$98\,800 + 200 =$ _____

$43\,300 +$ _____ $=$ _____

$25\,700 +$ _____ $=$ _____

$62\,900 +$ _____ $=$ _____

③ $234 \cdot 6 =$

④ $3022 \cdot 4 =$

⑤ $234 \cdot 3 =$

⑥ $1511 \cdot 8 =$

⑦
$36 + 4 \cdot 9 =$ _____

$6 \cdot 3 + 42 =$ _____

$63 - 56 : 8 =$ _____

$49 : 7 - 7 =$ _____

$16 : 4 + 9 =$ _____

⑧

+	124	1024	9524	6724
19				

⑨

−	19	119	29	129
3 500				

⑩ ( ) (12 000) (17 000) ( ) ( ) ( )

⑪ (5 000) ( ) (25 000) ( ) ( ) ( )

Das ist leicht.

① 4 · 7 = _____ ② 4 · 70 = _____

8 · 6 = _____   8 · 60 = _____

5 · 9 = _____   5 · 90 = _____

3 · 8 = _____   3 · 80 = _____

③ Vorgänger, Nachfolger

381 798	381 799	381 800
516 239		
		744 621
	820 500	
	497 160	
		600 001
		235 800
999 998		

④ Nachbarzehntausender

160 000	163 426	170 000
	301 910	
	850 000	
	500 000	
	286 800	
	73 203	
	612 354	

⑤

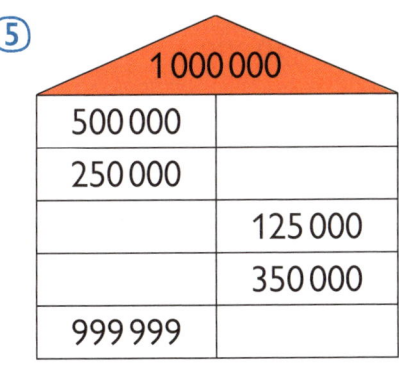

1 000 000	
500 000	
250 000	
	125 000
	350 000
999 999	

⑥

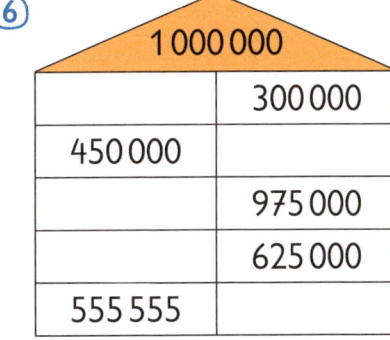

1 000 000	
	300 000
450 000	
	975 000
	625 000
555 555	

⑦

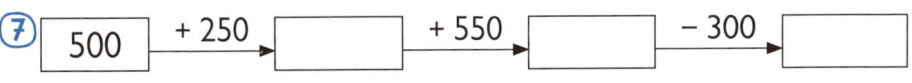

| 500 | + 250 → | | + 550 → | | − 300 → | |

⑧

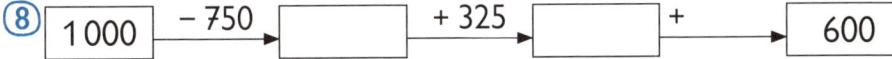

| 1 000 | − 750 → | | + 325 → | | + → | 600 |

① Nachbarhunderttausender

200 000	245 876	300 000
	406 119	
	712 063	
	873 450	
	130 249	
	600 000	
	128 681	
	597 384	

② Nachbartausender

732 000	732 415	733 000
	520 693	
	606 060	
	800 000	
	499 979	
	23 451	
	911 004	
	319 028	

③ Ergänze zu 500 000.

250 000 + _____

411 000 + _____

90 000 + _____

175 000 + _____

39 000 + _____

5 000 + _____

④ Ergänze zu 1 000 000.

850 000 + _____

700 000 + _____

375 000 + _____

69 000 + _____

620 000 + _____

8 000 + _____

⑤ 5 000, 10 000, _____, _____, _____, _____

immer: _____

⑥ 66 000, 68 000, 69 000, 71 000, _____, _____, _____

immer: _____, _____

⑦ _____, _____, _____, 62 000, 57 000, _____

immer: _____

①

		9	6	9	3
+		7	3	2	1

		3	6	9	3
+		7	3	2	1

②

		6	5	7	7
+		3	4	2	5

		6	5	7	7
+		3	4	2	9

Einfach schriftlich rechnen.

③

		5	7	1
+		3	4	6
+			8	2

		5	7	8
+		3	4	6
+			8	2

④

		2	0	3
+		7	1	4
+		8	7	5

		3	0	3
+		7	1	4
+		8	7	5

⑤

$8 \cdot 9000 =$ _____

$80 \cdot 900 =$ _____

$800 \cdot 90 =$ _____

$8000 \cdot 9 =$ _____

⑥

$6 \cdot 4000 =$ _____

$60 \cdot 400 =$ _____

$600 \cdot 40 =$ _____

$6000 \cdot 4 =$ _____

⑦

$24 : 4 =$ _____

$240 : 4 =$ _____

$2400 : 40 =$ _____

$2400 : 400 =$ _____

⑧

$54 : 9 =$ _____

$5400 : 90 =$ _____

$540 : 90 =$ _____

$5400 : 9 =$ _____

⑨ ____, ____, 966, 955, 944, ____   immer: _____

⑩ 1000, 988, 976, ____, ____, ____   immer: _____

⑪ 100, 99, 97, 94, ____, ____, ____   immer: _____

Das kann ich schon!

① 4 · 2 · 5 = ____ ② 22 · 4 = ____ ③ 9 · 8 − 5 = ____

6 · 3 · 2 = ____   57 · 2 = ____   7 · 5 + 2 = ____

7 · 4 · 3 = ____   34 · 2 = ____   4 · 6 + 3 = ____

5 · 6 · 1 = ____   49 · 2 = ____   5 · 9 − 4 = ____

24, 27, 30, 36, 37, 40, 41, 67, 68, 84, 88, 98, 114

④ 30 + 2 · 15 = ____ ⑤ 49 : 7 − 3 = ____ ⑥ ____ : 4 = 3R2

80 · 2 − 4 = ____   72 : 9 − 2 = ____   ____ : 6 = 8R3

9 + 11 · 10 = ____   28 : 4 + 1 = ____   ____ : 9 = 7R1

7 + 2 · 60 = ____   64 : 8 + 3 = ____   ____ : 8 = 5R4

4, 5, 6, 11, 14, 44, 51, 60, 64, 119, 127, 156, 160

⑦ 35 + 12 + 25 + 48 = _____   ⑧ 67 − 17 − 23 = _____

43 + 27 + 14 + 66 = _____   89 − 35 − 39 = _____

71 + 14 + 86 + 19 = _____   76 − 26 − 48 = _____

37 + 48 + 23 + 52 = _____   94 − 12 − 24 = _____

2, 5, 15, 27, 58, 120, 150, 160, 190,

⑨ Kreuze alle Aussagen an, die wahr sind.

| 48 |

☐ ist eine ungerade Zahl.

☐ ist teilbar durch 6.

☐ ist größer als 7 · 7.

☐ ist kleiner als 9 · 8.

☐ ist die Hälfte von 96.

Wahr oder falsch?

① ⟨　⟩ ⟨ 35 ⟩ ⟨　⟩ ⟨ 85 ⟩ ⟨　⟩

② ⟨　⟩ ⟨　⟩ ⟨ 131 ⟩ ⟨ 142 ⟩ ⟨　⟩

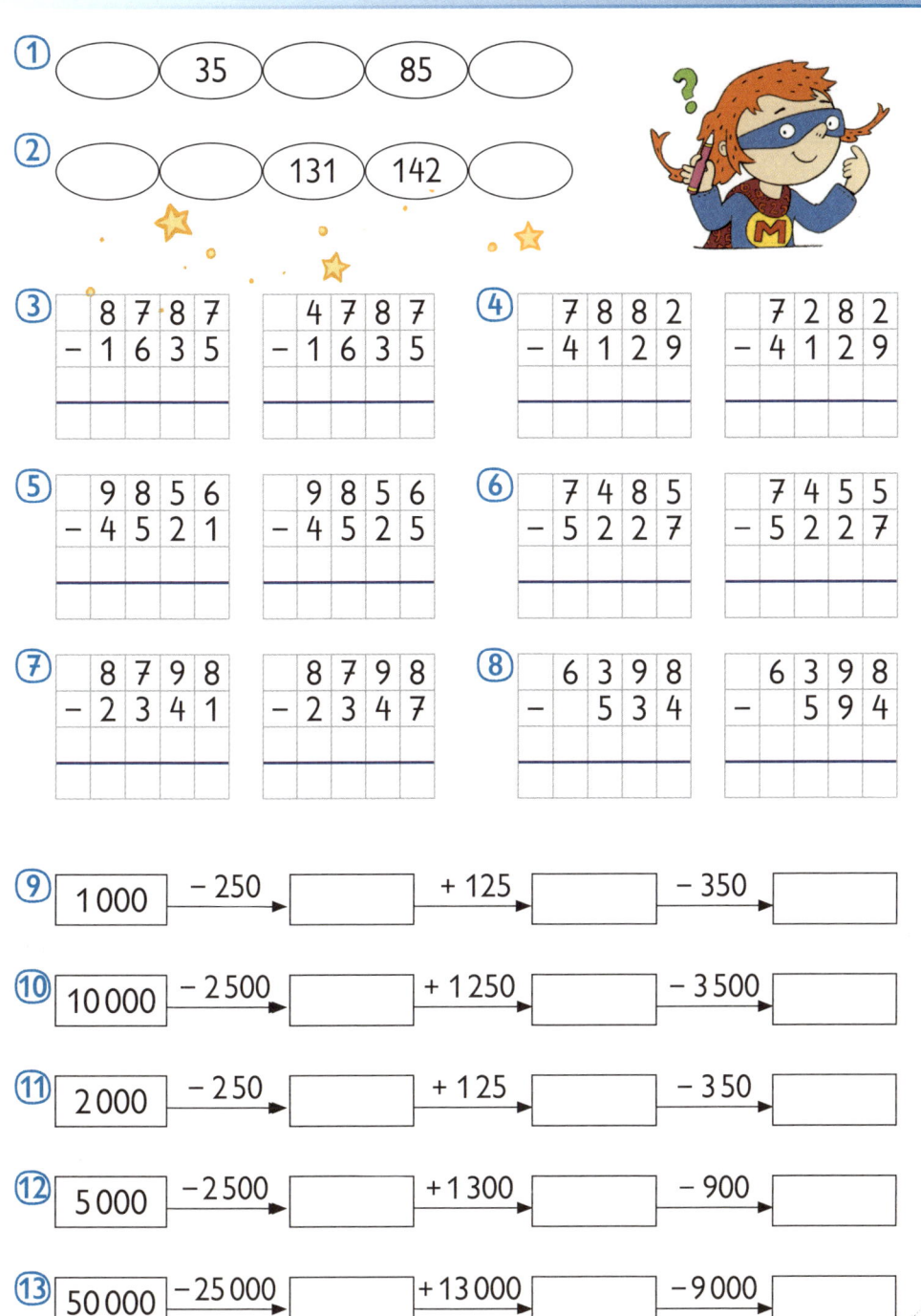

③
```
  8 7 8 7
- 1 6 3 5
```
```
  4 7 8 7
- 1 6 3 5
```

④
```
  7 8 8 2
- 4 1 2 9
```
```
  7 2 8 2
- 4 1 2 9
```

⑤
```
  9 8 5 6
- 4 5 2 1
```
```
  9 8 5 6
- 4 5 2 5
```

⑥
```
  7 4 8 5
- 5 2 2 7
```
```
  7 4 5 5
- 5 2 2 7
```

⑦
```
  8 7 9 8
- 2 3 4 1
```
```
  8 7 9 8
- 2 3 4 7
```

⑧
```
  6 3 9 8
-   5 3 4
```
```
  6 3 9 8
-   5 9 4
```

⑨ | 1 000 | −250 → |　| +125 → |　| −350 → |　|

⑩ | 10 000 | −2 500 → |　| +1 250 → |　| −3 500 → |　|

⑪ | 2 000 | −250 → |　| +125 → |　| −350 → |　|

⑫ | 5 000 | −2 500 → |　| +1 300 → |　| −900 → |　|

⑬ | 50 000 | −25 000 → |　| +13 000 → |　| −9 000 → |　|

①

:	5	50	500	5 000	10 000
20 000					
40 000					
100 000					

②

:	1	10	100	1 000	10 000
30 000					
60 000					
90 000					

③
49 : 7 = _____
490 : 7 = _____
4 900 : 7 = _____
49 000 : 7 = _____

④
32 000 :   4 = _____
32 000 :   40 = _____
32 000 : 400 = _____
32 000 : 4 000 = _____

⑤

+	5		500	
7 000		7 050		
9 535				
8 725				13 725

⑥

−		60		6 000
6 000	5 994			
7 400			6 800	
9 999				

① 7 4 2 : 7 =

② 8 3 3 6 : 8 =

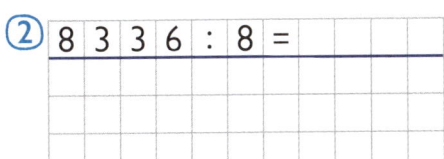

Auf die Zerlegung kommt es an!

③ 9 3 6 0 : 3 =

④ 4 6 8 0 : 3 =

⑤ 7 440 +   3 = _____
  7 440 +   30 = _____
  7 440 +   300 = _____
  7 440 + 3 000 = _____

⑥ 7 445 +   3 = _____
  7 445 +   30 = _____
  7 445 +   300 = _____
  7 445 + 3 000 = _____

⑦ 4 600 +   6 = _____
  4 600 +   60 = _____
  4 600 +   600 = _____
  4 600 + 6 000 = _____

⑧ 4 626 +   6 = _____
  4 626 +   60 = _____
  4 626 +   600 = _____
  4 626 + 6 000 = _____

⑨

Zahl	1 000	10 000			7 420
die Hälfte			2 550	3 620	

⑩

Zahl	750		25 000		50 000
das Doppelte		4 200		9 000	

Verbinde.

② 3 4 6 2 : 8 =   R

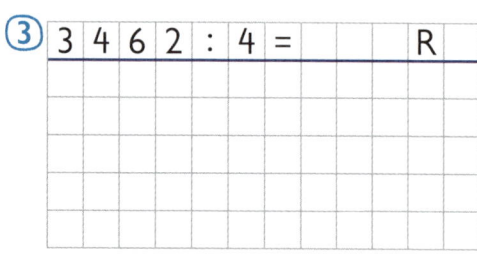

①

750 : 5	299 : 3

345 : 2

③ 3 4 6 2 : 4 =   R

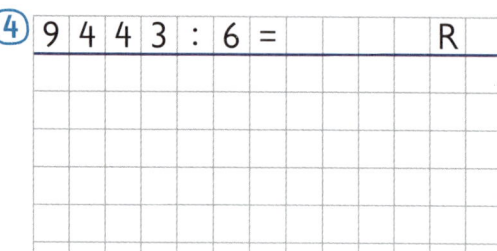

mit Rest	ohne Rest

510 : 5

④ 9 4 4 3 : 6 =   R

432 : 4	659 : 6

⑤ 8 220 −   5 = _____
    8 220 −   50 = _____
    8 220 − 500 = _____
    8 220 − 5 000 = _____

⑥ 8 226 −   5 = _____
    8 226 −   50 = _____
    8 226 − 500 = _____
    8 226 − 5 000 = _____

⑦ 7 004 −   6 = _____
    7 004 −   60 = _____
    7 004 − 600 = _____
    7 004 − 6 000 = _____

⑧ 7 934 −   6 = _____
    7 934 −   60 = _____
    7 934 − 600 = _____
    7 934 − 6 000 = _____

① 3 4 8 6 : 2 =

② 3 4 8 6 : 3 =

③ 3 4 8 6 : 6 =

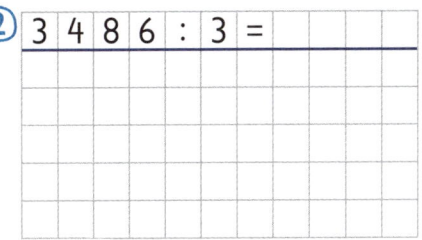

Mal vorwärts, mal rückwärts.

④ 10 000, 20 000, 30 000, _____, _____, immer: _____

⑤ 65 000, 55 000, _____, _____, 25 000, immer: _____

⑥ 26 200, 26 700, 27 200, _____, _____, immer: _____

⑦ 10 000, 15 000, 25 000, 30 000, _____, immer: _____

⑧
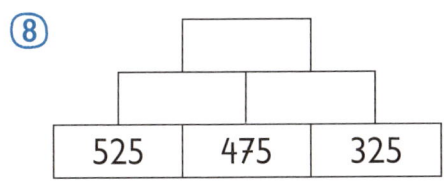

525	475	325

⑨
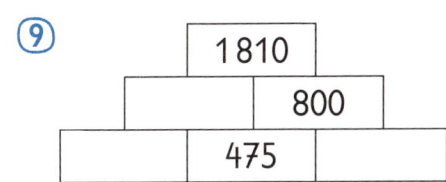

⑩
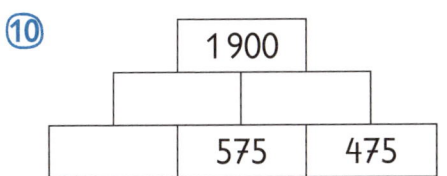

⑪
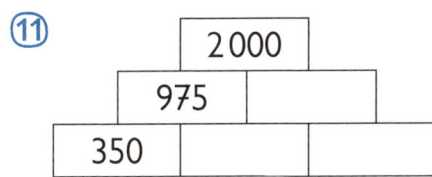

>, < oder =?

① 370 + 680 ◯ 1 000
210 + 790 ◯ 1 000
575 + 525 ◯ 1 000
450 + 450 ◯ 1 000
<, <, <, =, =, =, >, >, >

② 35 + 79 ◯ 68 + 32
57 + 11 ◯ 22 + 63
19 + 81 ◯ 55 + 45
44 + 47 ◯ 76 + 23

Kleiner, gleich, größer?

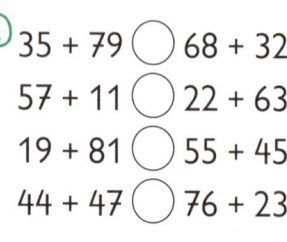

③ 4 · 8 ◯ 7 · 5
7 · 6 ◯ 5 · 9
9 · 3 ◯ 3 · 8
12 · 5 ◯ 6 · 10
<, <, <, <, =, =, >, >, >

④ 11 · 4 ◯ 8 · 5
9 · 2 ◯ 6 · 3
3 · 13 ◯ 9 · 4
7 · 8 ◯ 7 · 9

⑤ ____ · 8 = 560
____ · 6 = 240
____ · 9 = 180
____ · 5 = 150

⑥ 150 : 6 = ____
60 : 5 = ____
120 : 4 = ____
90 : 6 = ____

⑦ 360 : 4 = ____
350 : 7 = ____
240 : 3 = ____
200 : 5 = ____

12, 15, 20, 25, 30, 30, 40, 40, 50, 70, 70, 80, 90

⑧ Kreuze an, was wahr oder falsch ist.

wahr falsch

Der Rest von 38 : 7 ist 3. ◻ ◻

150 ist das Doppelte von 75. ◻ ◻

Silvester ist immer ein Sonntag. ◻ ◻

Alle 4 Jahre hat der Monat Februar 29 Tage. ◻ ◻

① 6 4 4 0 : 4 =

② 3 6 8 0 : 8 =

③ 3 9 6 0 0 : 3 =

Ich zerlege in Zahlen, die ich einfach teilen kann.

④ 6 3 9 0 0 : 6 =

⑤ Überschlage und verbinde.

| 8 721 : 3 | 14 868 : 7 | 15 375 : 5 | 18 324 : 6 |

| Ergebnis > 3 000 | Ergebnis < 3 000 |

⑥ 500 → −250 → ☐ → −160 → ☐ → 10

⑦ 1 500 → −250 → ☐ → 1 090 → −80 → ☐

⑧ 15 500 → 15 250 → −160 → ☐ → −80 → ☐

①
```
    5 9 5 4
  + 1 4 5 3
```

②
```
    4 1 2 8
  - 2 6 5 0
```

③
```
    4 1 2 8
  - 1 6 5 0
```

④ 3 9 7 2 : 3 =

⑤ 7 9 4 4 : 6 =

⑥
2 400 : 30 = _____

2 400 : 3 = _____

240 : 3 = _____

24 000 : 300 = _____

240 000 : 3 000 = _____

_____ : _____ = _____

⑦
280 000 : 4 000 = _____

280 : 40 = _____

2 800 : 400 = _____

28 000 : 400 = _____

28 000 : 4 000 = _____

_____ : _____ = _____

⑧
4 200 : 60 = _____

42 000 : 600 = _____

42 000 : 6 000 = _____

420 000 : 6 000 = _____

_____ : _____ = _____

⑨
35 000 : 700 = _____

35 000 : 7 000 = _____

350 000 : 7 000 = _____

350 : 70 = _____

350 : 7 = _____

⑩
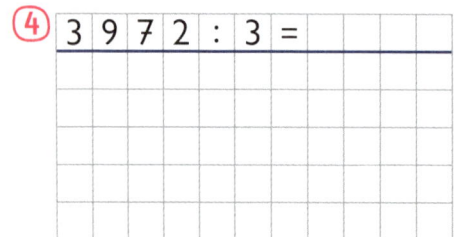

| 154 | 126 | 304 |

⑪
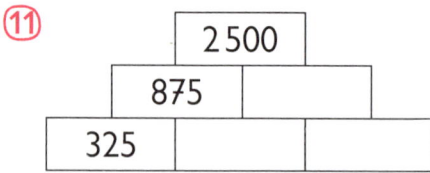

2 500 / 875 / 325

$1\,km = 1\,000\,m$

① 5 km = _____ m

    2 km = _____ m

    7 km = _____ m

  10 km = _____ m

  $\frac{1}{2}$ km = _____ m

② 2 km 500 m = _____ m

  10 km 250 m = _____ m

    1 km   10 m = _____ m

    5 km   50 m = _____ m

    7 km   1 m = _____ m

③ 500 m + ____ m = 1 km

  390 m + ____ m = 1 km

  850 m + ____ m = 1 km

  ____ m + 225 m = 1 km

  ____ m + 369 m = 1 km

  ____ m + 390 m = 1 km

④ 750 m + _____ m = 1 km

  900 m + _____ m = 2 km

 2 500 m + _____ m = 3 km

 3 150 m + _____ m = 4 km

 3 250 m + _____ m = 5 km

 1 900 m + _____ m = 6 km

$1\,m = 100\,cm$

⑤   8 m = _____ cm

       7 m = _____ cm

  2 m 50 cm = _____ cm

 10 m 20 cm = _____ cm

$1\,cm = 10\,mm$

⑥   4 cm = _____ mm

     $\frac{1}{2}$ cm = _____ mm

  2 cm 5 mm = _____ mm

 10 cm 2 mm = _____ mm

⑦ Zeichne die Strecken. Gib die Länge in cm und mm an.

5 cm, 10,5 cm, 31 mm und 9 mm.

2,5 cm

25 mm

① 1 2 3 2 · 2

② 4 3 2 1 · 2

③ 4 2 3 0 · 4

④ 7 2 1 4 · 3

⑤ 6 1 2 3 · 3

⑥ 7 0 1 1 · 6

⑦ 3 6 7 8 · 9

⑧ 5 4 1 7 · 8

⑨ 9 0 9 2 · 3

⑩
$35\,000 + \quad 8 =$ _____
$35\,000 + \quad 80 =$ _____
$35\,000 + \quad 800 =$ _____
$35\,000 + 8\,000 =$ _____

⑪
$58\,877 - 6\,000 =$ _____
$58\,877 - \quad 600 =$ _____
$58\,877 - \quad 60 =$ _____
$58\,877 - \quad 6 =$ _____

⑫
$15\,304 + \quad 4 =$ _____
$15\,304 + \quad 40 =$ _____
$15\,304 + \quad 400 =$ _____
$15\,304 + 4\,000 =$ _____

⑬
$60\,000 - \quad 5 =$ _____
$60\,000 - \quad 50 =$ _____
$60\,000 - \quad 500 =$ _____
$60\,000 - 5\,000 =$ _____

⑭ 25 — $\cdot\,4$ → ☐ — $+50$ → ☐ → 50 → 450 — $:9$ → ☐

⑮ $1\,000$ — $:2$ → ☐ — -25 → ☐ — -25 → ☐ — $:9$ → ☐ — $\cdot\,20$ → ☐

⑯ $1\,000$ — $:4$ → ☐ — -125 → ☐ — $\cdot\,2$ → ☐ — $:5$ → ☐

Bilde eine eigene Rechenkette.

⑰ ☐ → ☐ → ☐ → ☐ → ☐

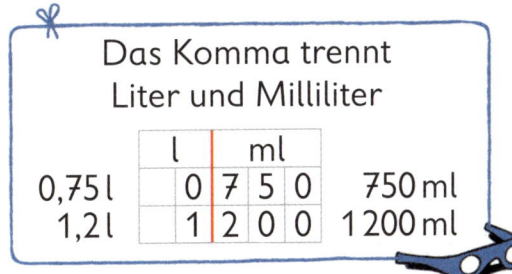

Das Komma trennt
Liter und Milliliter

l	ml	
0,75 l	0 7 5 0	750 ml
1,2 l	1 2 0 0	1 200 ml

1 l = 1000 ml

① 1 l = _____ ml

5 l = _____ ml

$\frac{3}{4}$ l = _____ ml

$\frac{1}{2}$ l = _____ ml

$\frac{1}{4}$ l = _____ ml

② 4 l + 200 ml = _____ ml

5 l + 30 ml = _____ ml

9 l + 250 ml = _____ ml

2 l + 750 ml = _____ ml

7 l + 500 ml = _____ ml

③ 500 ml + _____ ml = 1 l

250 ml + _____ ml = 1 l

900 ml + _____ ml = 1 l

125 ml + _____ ml = 1 l

④ $\frac{1}{4}$ l + _____ ml = 1 l

$\frac{1}{2}$ l + _____ ml = 2 l

$\frac{3}{4}$ l + _____ ml = 3 l

$1\frac{1}{2}$ l + _____ ml = 4 l

⑤ Zusammen 1 l. Färbe jeweils gleich.

$\frac{1}{8}$ l

0,2 l

275 ml

800 ml

875 ml

0,1 l

0,6 l

0,4 l

725 ml

$\frac{1}{8}$ l = 125 ml
Das kommt oft in
Rezepten vor.

<, > oder =?

① 298 + 288 ◯ 700
333 + 666 ◯ 999
153 + 257 ◯ 400
435 + 355 ◯ 800
399 + 299 ◯ 650

② 420 ◯ 643 − 420
950 ◯ 800 − 150
425 ◯ 650 − 225
500 ◯ 743 − 320
675 ◯ 952 − 325

③ 6 · 8 ◯ 72
9 · 2 ◯ 30
5 · 5 ◯ 25
3 · 4 ◯ 15

④ 32 ◯ 7 · 4
54 ◯ 9 · 5
18 ◯ 6 · 3
69 ◯ 7 · 7

⑤ 4 · 4 ◯ 5 · 9
6 · 5 ◯ 3 · 8
5 · 5 ◯ 5 · 8
7 · 9 ◯ 10 · 6

⑥ 3 5 6 : 4 =
3 2
3 6   Probe:
3 6
0

⑦ 4 4 8 : 8 =
Probe:

⑧ 8 2 5 : 3 =
Probe:

⑨ 9 9 4 : 7 =
Probe:

⑩ 6 9 5 : 5 =
Probe:

⑪ 9 2 4 : 6 =
Probe:

38

① 3 4 6 : 2 =

Probe:

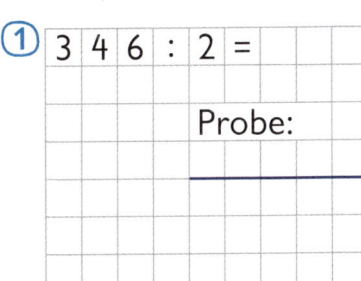

Hier hilft das kleine Einmaleins.

② 7 6 8 6 : 9 =

Probe:

③ 1 1 1 6 : 6 =

Probe:

④ 6 2 3 0 : 5 =

Probe:

⑤ 4 0 9 2 : 3 =

Probe:

⑥ 6 → · 9 → ☐ → : 3 → ☐ → · 5 → ☐ → : 3 → ☐

⑦ 3 → · 4 → ☐ → · 3 → ☐ → : 6 → ☐ → · 8 → ☐

⑧ 100 → ☐ → ☐ → ☐ → 100

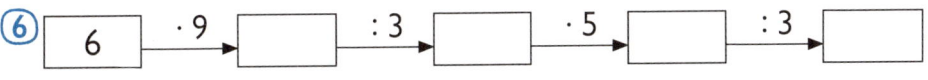

① 73 920 : 2 = _____

36 960 : 2 = _____

18 480 : 2 = _____

_____ : __ = _____

_____ : __ = _____

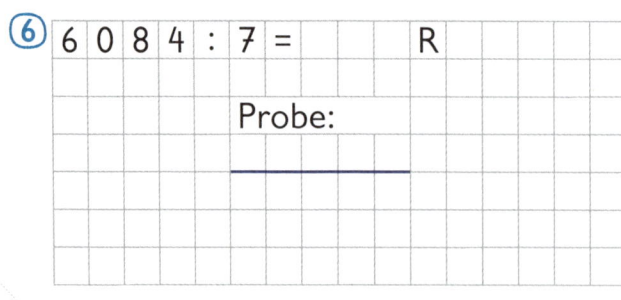

② 38 400 : 2 = _____

19 200 : 2 = _____

9 600 : 2 = _____

_____ : __ = _____

_____ : __ = _____

(M)

③ Beschreibe, was dir auffällt.

_____

④ 7 4 5 : 3 =   R

Probe:

⑤ 3 1 9 6 : 8 =   R

Probe:

Den Rest
bei der Probe
nicht vergessen.

⑥ 6 0 8 4 : 7 =   R

Probe:

① 3, 6, 9, ____, ____, ____, ____, 24   immer: _____

② ____, ____, 28, 35, ____, ____, 56   immer: _____

③ 3, 9, 5, 15, ____, ____, ____, ____   immer: _____

④ 15, 30, 25, 40, ____, ____, ____, ____   immer: _____

⑤ 5, 10, 9, 18, ____, ____, ____, 66   immer: _____

⑥ 2 2 3 2 : 4 =

Probe: _____

⑦ 5 4 3 3 : 8 =   R

Probe: _____

⑧ 8 6 6 7 : 9 =

Probe: _____

⑨ 3 5 6 8 : 6 =   R

Probe: _____

⑩

	100 000	
60 000		
		25 000

⑪

	100 000	
	10 500	

① 4 5 3 · 2 4

② 5 2 6 · 3 6

③ 7 1 7 · 4 6

④ 8 0 4 · 5 7

⑤ 3 7 2 · 1 8

⑥ 2 9 8 · 9 1

⑦

·	3		6		9		8	
30		300		120		150		210

⑧

	750	750
750	750	750

⑨

	750	
125	750	125

⑩

	10 000	
2 000		7 000

⑪

	5 000	
1 000		3 500

⑫

+	9	90
6 713		
3 712		
999		
9 999		

⑬

−	9	90
1 099		
1 098		
599		
589		

① Finde die Fehler in den Aufgaben und markiere sie in der entsprechenden Farbe.

$6\ 4\ 1 \cdot 7\ 1$

		6	4	1	·	7	1
	4	4	8	7			
			6	4	1		
		1	1				
4	5	5	2	1			

$9\ 2\ 4 \cdot 4\ 2$

	9	2	4	·	4	2
	3	6	9	5		
		1	9	4	8	
			1			
3	8	8	9	8		

$6\ 0\ 3 \cdot 3\ 4$

	6	0	3	·	3	4
		1	8	9		
		2	4	1	2	
		1	1			
	4	3	0	2		

$7\ 8\ 9 \cdot 6\ 3$

	7	8	9	·	6	3
	4	7	3	4		
		2	3	4	7	
4	9	6	8	7		

Übertrag vergessen

Einmaleins-fehler

Null nicht multipliziert

Fehler beim Addieren

②

−	5		14	20		360	510	
741		731			621			
699								219

③ $(3 + 9) \cdot 5 =$ ___

$3 + 9 \cdot 5 =$ ___

$(31 − 6) \cdot 4 =$ ___

$31 − 6 \cdot 4 =$ ___

So ist es richtig.

④ $9 \cdot (24 − 6) =$ ___

$9 \cdot 24 − 6 =$ ___

$6 \cdot (8 + 7) =$ ___

$6 \cdot 8 + 7 =$ ___

⑤ 8, 24, 22, 66, ____, ____, ____, 570, ____ immer _____

⑥ 12, 8, 24, 20, ____, ____, ____, ____, 492 immer _____

⑦ 15, 30, 27, 54, ____, ____, ____, ____ immer _____

⑧ 1, 1, 2, 3, 5, ____, ____, ____, ____, ____ immer _____

Das kann ich schon!

① 180 − 18 = _____ **②** 500 − 250 = _____ **③** 1 000 − 975 = _____
183 − 18 = _____ 400 − 125 = _____ 1 000 − 725 = _____
170 − 36 = _____ 300 − 97 = _____ 1 000 − 625 = _____
173 − 36 = _____ 200 − 155 = _____ 1 000 − 575 = _____
160 − 15 = _____ 100 − 78 = _____ 1 000 − 525 = _____

22, 25, 45, 134, 137, 145, 150, 162, 165, 203, 250, 275, 275, 375, 425, 475

④ 1 350 + 2 140 = _____ **⑤** 475 + _____ = 1 000
2 720 + 1 280 = _____ 1 682 + _____ = 2 000
5 370 + 3 340 = _____ 2 775 + _____ = 3 000
3 450 + 2 480 = _____ 2 910 + _____ = 4 000
4 620 + 2 390 = _____ 3 975 + _____ = 5 000

225, 318, 525, 1 000, 1 025, 1 090, 3 490, 4 000, 5 930, 7 010, 8 710

⑥ 360 : 90 = ___ **⑦** 210 : 7 = _____ **⑧** 5 · 50 = _____
900 : 30 = ___ 160 : 4 = _____ 3 · 20 = _____
150 : 50 = ___ 240 : 8 = _____ 7 · 60 = _____
120 : 40 = ___ 200 : 5 = _____ 8 · 40 = _____
360 : 60 = ___ 280 : 4 = _____ 9 · 30 = _____

3, 3, 3, 4, 6, 30, 30, 40, 40, 60, 70, 70, 150, 250, 270, 320, 420

⑨

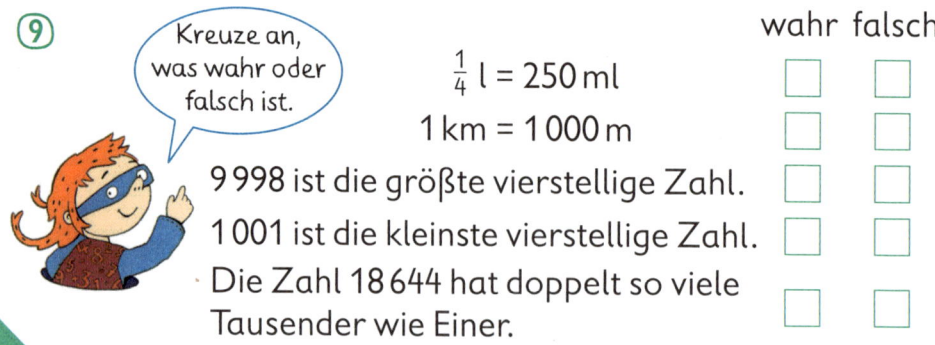

Kreuze an, was wahr oder falsch ist.

wahr falsch

$\frac{1}{4}$ l = 250 ml ☐ ☐

1 km = 1 000 m ☐ ☐

9 998 ist die größte vierstellige Zahl. ☐ ☐

1 001 ist die kleinste vierstellige Zahl. ☐ ☐

Die Zahl 18 644 hat doppelt so viele Tausender wie Einer. ☐ ☐

<, > oder = ?

① 622 + 378 ◯ 700

111 + 222 ◯ 444

552 + 232 ◯ 820

② 540 ◯ 1000 − 470

760 ◯ 900 − 340

300 ◯ 743 − 443

③ 350 ml + ____ ml = 1 l

450 ml + ____ ml = 1 l

650 ml + ____ ml = 1 l

100 ml + ____ ml = 1 l

750 ml + ____ ml = 1 l

④ 4250 ml + _____ ml = 5 l

5500 ml + _____ ml = 6 l

4750 ml + _____ ml = 5 l

$\frac{1}{4}$ l + _____ ml = 2 l

$2\frac{1}{4}$ l + _____ ml = 5 l

⑤ 600 : 6 = ____

4200 : 70 = ____

1600 : 400 = ____

6400 : 80 = ____

4000 : 20 = ____

⑥ 5 6 2 1 · 6

⑦ 4 3 5 8 · 7

⑧ 1 2 7 · 2 3

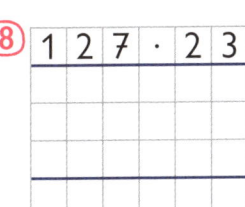

⑨ 3 4 7 · 3 6

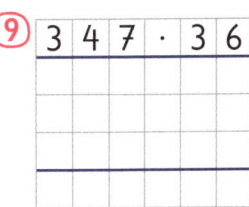

⑩ (3 + 5) · 8 = ___

3 + 5 · 8 = ___

(52 − 12) · 4 = ___

52 − 12 · 4 = ___

(6 + 7) · 8 = ___

6 + 7 · 8 = ___

⑪ 2 7 3 6 : 6 =

Probe:

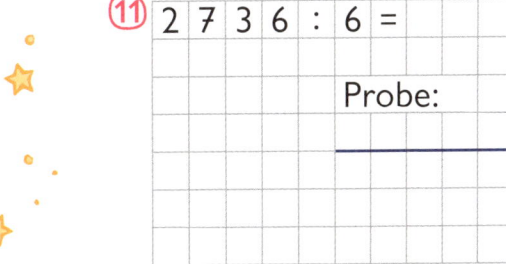

⑫ 15, 20, 19, 24, ____, ____, ____, ____ immer _____

①

```
  1 0 9 5 5
+ 4 2 0 0 3
───────────
```

②

```
  4 8 1 0 4
+ 5 0 7 2 2
───────────
```

③

```
  3 6 0 0 0
+   5 0 2 0
───────────
```

④

```
  7 3 5 7 8
+ 2 4 6 4 0
───────────
```

⑤

```
  4 5 8 6 7
+   8 1 1 5
───────────
```

⑥

```
  5 7 3 8 6
+ 2 9 2 3 8
───────────
```

⑦

```
  4 1 0 3 7
    5 5 5 5
+ 5 1 2 2 2
───────────
```

⑧

```
    6 6 6 6
  1 1 2 7 8
+ 3 1 9 5 3
───────────
```

⑨

```
  4 0 3 2 0
  3 6 3 0 4
+   9 7 5 6
───────────
```

⑩

```
      5 1 3
+   4   2
    1
    7 2   5
```

⑪

```
      4 1
+ 3 0 6
    1
    8   7
```

⑫

```
  6   7 5
+   7   9
    1 1
      9 1
```

⑬ $4 \cdot 9 =$ _____
$4 \cdot 90 =$ _____
$40 \cdot 90 =$ _____

⑭ $6 \cdot 7 =$ _____
$60 \cdot 70 =$ _____
$600 \cdot 7 =$ _____

⑮ $4 \cdot 6 =$ _____
$400 \cdot 6 =$ _____
$40 \cdot 60 =$ _____

⑯ $7 \cdot 8 =$ _____
$70 \cdot 8 =$ _____
$700 \cdot 8 =$ _____

⑰ $40 \cdot 5 =$ _____
$40 \cdot 50 =$ _____
$4 \cdot 50 =$ _____

⑱ $2 \cdot 9 =$ _____
$20 \cdot 9 =$ _____
$200 \cdot 9 =$ _____

$1\,h = 60\,min \qquad 1\,min = 60\,s$

①
$\frac{1}{2}\,h =$ _____ min

$\frac{1}{4}\,h =$ _____ min

$\frac{3}{4}\,h =$ _____ min

$2\,h =$ _____ min

__ h = _____ min

②
$5\,min =$ _____ s

$10\,min =$ _____ s

$30\,min =$ _____ s

$\frac{1}{2}\,min =$ _____ s

__ min = _____ s

③
1 h   30 min +   30 min = _____ h

13 h   15 min +   45 min = _____ h

2 h   5 min +   55 min = _____ h

4 h   25 min + ___ min = 5 h

__ h ___ min +   45 min = 6 h

⑤

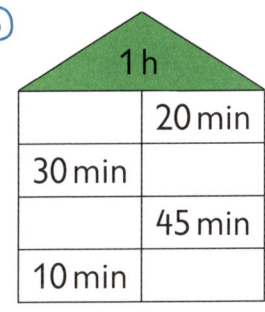

1 h	
	20 min
30 min	
	45 min
10 min	

④
3 h   45 min −   15 min = __ h ___ min

7 h   55 min −   45 min = __ h ___ min

4 h   36 min − ___ min = 4 h 16 min

__ h ___ min −   15 min = 5 h 15 min

⑥

Abfahrt	Fahrzeit	Ankunft
7.15 Uhr		7.40 Uhr
6.45 Uhr		7.05 Uhr
	35 min	16.42 Uhr
18.31 Uhr	36 min	

①
```
   5 □ 2 4
 - 4 0 1 □
 ─────────
   □ 1   1
```

②
```
   6 2 7 □
 - □ 1 4 2
 ─────────
   3 □   3
```

③
```
   8 6 9 □
 - 4 7 □ 3
   1
 ─────────
   □     4 4
```

④
```
   7 3 8 □
 -   1 □ 2
       1
 ─────────
   4 □ 9 4
```

⑤
```
   9 1 □ 4
 - 2   0 6
   1   1
 ─────────
       3 1 □
```

⑥
```
   4 □ 7 3
 -   6 □ 8
   1   1
 ─────────
   2 6 4 □
```

⑦ 7 · 7 = _____   ⑧ 5 · 5 = _____   ⑨ 3 · 8 = _____
   70 · 7 = _____   50 · 50 = _____   30 · 8 = _____
   700 · 7 = _____   50 · 5 = _____   3 · 80 = _____

⑩ 4 · 8 = _____   ⑪ 3 · 3 = _____   ⑫ 6 · 9 = _____
   40 · 8 = _____   3 · 30 = _____   60 · 9 = _____
   40 · 80 = _____   3 · 300 = _____   60 · 90 = _____

⑬ 7 · 6 = _____   ⑭ 8 · 8 = _____   ⑮ 9 · 9 = _____
   70 · 6 = _____   80 · 8 = _____   9 · 90 = _____
   700 · 6 = _____   80 · 80 = _____   90 · 90 = _____

⑯

·	5		3		
	40				72
9		63		36	
			30		

⑰

·	10	14	6	8	18
8					
9					
10					

①

```
    5 2 8 9 3
  - 3 1 7 8 2
```

②

```
    7 3 4 5 8
  - 6 1 3 2 4
```

③

```
    6 5 4 9 7
  - 5 1 3 6 1
```

④

```
  1 0 0 0 0 0
  -     7 1 4 2 7
```

⑤

```
    9 5 4 3 7
  - 2 9 2 3 1
```

⑥

```
    8 7 2 3 1
  - 6 9 2 2 0
```

⑦

```
  1 0 0 0 0 0
  -   4 9 8 6 3
```

⑧

```
    3 6 9 1 4
  -   9 3 8 4
```

⑨

```
  1 0 0 0 0 0
  -   6 0 1 8 5
```

⑩ 35 + 17 + 65 = _____

29 + 16 + 21 = _____

37 + 14 + 23 = _____

31 + 49 + 27 = _____

Rechne geschickt!

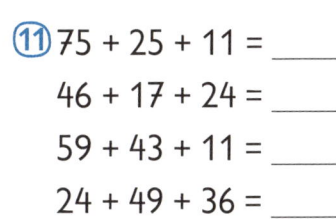

⑪ 75 + 25 + 11 = _____

46 + 17 + 24 = _____

59 + 43 + 11 = _____

24 + 49 + 36 = _____

⑫ 14 + 22 + 36 = _____

17 + 49 + 23 = _____

53 + 47 + 19 = _____

69 + 37 + 21 = _____

⑬ 24 + 35 + 76 + 25 = _____

19 + 35 + 61 + 45 = _____

81 + 27 + 19 + 33 = _____

68 + 26 + 32 + 34 = _____

⑭

·	3	6	30	60	300
10					
100					
1 000					
10 000					

Das kann ich schon!

① $3 \cdot 3 \cdot 5 =$ _____   ② $24 \cdot 4 =$ _____   ③ $36 : 3 =$ _____

$14 \cdot 2 \cdot 2 =$ _____ $37 \cdot 2 =$ _____ $36 : 6 =$ _____

$11 \cdot 5 \cdot 2 =$ _____ $13 \cdot 3 =$ _____ $36 : 9 =$ _____

$8 \cdot 6 \cdot 2 =$ _____ $50 \cdot 5 =$ _____ $36 : 12 =$ _____

3, 4, 6, 12, 39, 45, 56, 74, 96, 96, 110, 175, 250

④ $5 \cdot 5 + 5 =$ _____

$6 \cdot 6 + 6 =$ _____

$7 \cdot 7 + 7 =$ _____

$8 \cdot 8 + 8 =$ _____

$9 \cdot 9 + 9 =$ _____

Punkt- vor Strichrechnung.

⑤ $25 + 50 \cdot 6 =$ _____

$1 + 8 \cdot 10 =$ _____

$19 + 7 \cdot 80 =$ _____

$75 + 30 \cdot 5 =$ _____

$55 + 20 \cdot 9 =$ _____

30, 42, 56, 72, 81, 90, 225, 235, 250, 325, 579

⑥ $88 : 8 - 1 =$ _____   ⑦ $280 : 7 =$ _____   ⑧ $4 \cdot 70 =$ _____

$15 : 5 - 3 =$ _____ $600 : 6 =$ _____ $6 \cdot 100 =$ _____

$24 : 6 - 2 =$ _____ $250 : 5 =$ _____ $5 \cdot 50 =$ _____

$28 : 7 - 2 =$ _____ $150 : 15 =$ _____ $15 \cdot 10 =$ _____

0, 2, 2, 10, 10, 40, 50, 100, 125, 150, 250, 280, 600

⑨ Kreuze alle Aussagen an, die wahr sind.

☐ 10 000 ist eine Quadratzahl.

☐ 12 724 ist eine gerade Zahl.

☐ Jede Zahl, die durch 6 teilbar ist, kann ich auch durch 3 teilen.

☐ Ich kann inlineskaten.

☐ Frühlingsanfang ist am 1. April.

① 5 17 ⬛

$17 \cdot 5 =$ ___
$5 \cdot 17 =$ ___
___ $: 5 =$ ___
___ $: 17 =$ ___

② 16 3 ⬛

$16 \cdot 3 =$ ___
$3 \cdot 16 =$ ___
___ $: 3 =$ ___
___ $: 16 =$ ___

③ 15 5 ⬛

$15 \cdot 5 =$ ___
$5 \cdot 15 =$ ___
___ $: 5 =$ ___
___ $: 15 =$ ___

④ 18 8 ⬛

$18 \cdot 8 =$ ___
$8 \cdot 18 =$ ___
___ $:$ ___ $=$ ___
___ $:$ ___ $=$ ___

⑤ 13 4 ⬛

$13 \cdot 4 =$ ___
$4 \cdot 13 =$ ___
___ $:$ ___ $=$ ___
___ $:$ ___ $=$ ___

⑥ 9 153 ⬛

$9 \cdot$ ___ $=$ ___
___ $\cdot$ ___ $=$ ___
___ $:$ ___ $=$ ___
___ $:$ ___ $=$ ___

⑦

560	
340	
	270
90	

⑧

820	
410	
	390
170	

⑨

305	405
210	
	302

⑩

5 600	
3 400	
	2 700
900	

⑪

8 200	
4 100	
	3 900
1 700	

⑫

3 050	4 050
2 100	
	3 020

① 55 | : 11 → ☐ | · 12 → ☐ | : 15 → ☐ | · 18 → ☐ | : 12 → ☐

② 68 | : → 4 | · 14 → ☐ | : 7 → ☐ | · → 24 | : → 2

③ 78 | : → 6 | · → 96 | : → 8 | · → 160 | : → 10

④
1 000 + _____ = 10 000
4 500 + _____ = 10 000
5 000 + _____ = 10 000
900 + _____ = 10 000
9 900 + _____ = 10 000

⑤
10 000 + _____ = 100 000
45 000 + _____ = 100 000
50 000 + _____ = 100 000
9 000 + _____ = 100 000
99 000 + _____ = 100 000

⑥
2 · _____ = 10 000
4 · _____ = 10 000
5 · _____ = 10 000
10 · _____ = 10 000
100 · _____ = 10 000

⑦
2 · _____ = 100 000
4 · _____ = 100 000
5 · _____ = 100 000
10 · _____ = 100 000
100 · _____ = 100 000

⑧

	☐	
	☐	☐
16 000	21 000	41 000

⑨

	100 000	
68 000		☐
47 000	☐	

⑩

	☐	
57 500		
32 000	☐	4 000

⑪

	100 000	
☐		☐
☐	☐	☐

① 5 5 5 · 1 2

② 6 6 0 · 1 5

③ 4 4 4 · 1 9

④ 3 2 6 · 3 2

⑤ 5 8 8 · 5 4

⑥ 7 3 3 · 8 6

⑦ 3 9 9 · 4 2

⑧ 4 3 5 · 2 1

<, > oder = ?

⑨ 423 + 258 ◯ 700
105 + 476 ◯ 500
250 + 350 ◯ 600
749 − 394 ◯ 400
972 − 611 ◯ 200
832 − 401 ◯ 300

⑩ 4 · 9 ◯ 38
3 · 6 ◯ 16
7 · 8 ◯ 54
5 · 3 ◯ 20
6 · 4 ◯ 24
9 · 7 ◯ 53

⑪ 2 · 9 ◯ 6 · 3
7 · 6 ◯ 8 · 6
5 · 4 ◯ 7 · 3
5 · 5 ◯ 3 · 8
8 · 6 ◯ 6 · 7
4 · 9 ◯ 6 · 6

⑫

·	1	2	3	4	5	6	7	8	9	10
5										
10										
15										
50										

① 30 = 1 · ____   ② 48 = 1 · ____

30 = 2 · ____   48 = 2 · ____

30 = 3 · ____   48 = 4 · ____

30 = 5 · ____   48 = 6 · ____

30 = 6 · ____   48 = 8 · ____

30 = 10 · ____   48 = 12 · ____

30 = 15 · ____   48 = 24 · ____

30 = 30 · ____   48 = 48 · ____

Die Zahl 1 und die Zahl selbst sind immer Teiler.

③

·	1	2	3	4	5	6	7	8	9	10
2										
10										
12										
20										

④ 600 + _____ = 1 000

450 + _____ = 1 000

510 + _____ = 1 000

780 + _____ = 1 000

250 + _____ = 1 000

⑤ 600 000 + _____ = 1 000 000

450 000 + _____ = 1 000 000

510 000 + _____ = 1 000 000

780 000 + _____ = 1 000 000

250 000 + _____ = 1 000 000

⑥ 1 · _____ = 1 000

2 · _____ = 1 000

5 · _____ = 1 000

10 · _____ = 1 000

1 000 · _____ = 1 000

⑦ 1 · _____ = 1 000 000

2 · _____ = 1 000 000

5 · _____ = 1 000 000

10 · _____ = 1 000 000

1 000 · _____ = 1 000 000

① 500 → -75 → ☐ → $+15$ → ☐ → -150 → ☐ → $+60$ → ☐

② 1 000 → $+$ → 1 250 → $+$ → 1 275 → $-$ → 1 150 → $+$ → 2 000

③ 750 → $-$ → 625 → $+375$ → ☐ → $-$ → 530 → 750

④ 1 500 → 1 275 → 925 → 750 → 1 000

Rechne geschickt.

⑤
85 + 15 + 47 = _____
36 + 29 + 54 = _____
71 + 18 + 69 = _____
23 + 98 + 12 = _____
37 + 44 + 23 = _____

⑥
13 + 25 + 27 + 45 = _____
51 + 27 + 39 + 33 = _____
72 + 81 + 18 + 49 = _____
64 + 35 + 76 + 95 = _____
39 + 64 + 21 + 26 = _____

⑦
74 − 24 − 37 = _____
95 − 18 − 45 = _____
68 − 25 − 28 = _____
87 − 17 − 36 = _____
96 − 25 − 16 = _____

⑧
100 − 25 − 5 − 36 = _____
100 − 13 − 21 − 17 = _____
100 − 46 − 18 − 24 = _____
100 − 9 − 12 − 58 = _____
100 − 12 − 18 − 15 = _____

⑨

+	7	600
8 413		
2 993		
9 993		
9 413		

⑩

−	40	8 000
20 000		
30 000		
10 030		
50 030		

Das kann ich schon!

① 24 + 12 + 16 + 28 = _____

37 + 43 + 28 + 52 = _____

21 + 58 + 22 + 39 = _____

25 + 23 + 35 + 17 = _____

26 + 27 + 26 + 27 = _____

② 5 275 + _____ = 10 000

5 390 + _____ = 10 000

6 725 + _____ = 10 000

2 725 + _____ = 10 000

9 299 + _____ = 10 000

80, 100, 106, 140, 160, 701, 2 500, 3 275, 2 500, 4 610, 4 725, 7 275

③ 2 · 4 − 3 = _____

6 · 3 − 3 = _____

5 · 5 − 8 = _____

3 · 9 − 7 = _____

④ 5 · 15 + 2 = _____

10 · 15 − 1 = _____

9 · 15 + 5 = _____

6 · 15 + 4 = _____

5, 15, 17, 20, 77, 94, 140, 145, 149

⑤ 1 000 − 501 = _____

1 000 − 475 = _____

1 000 − 325 = _____

1 000 − 625 = _____

1 000 − 699 = _____

⑥ 500 − 375 = _____

500 − 125 = _____

500 − 250 = _____

500 − 399 = _____

500 − 201 = _____

101, 125, 250, 275, 299, 301, 375, 375, 499, 525, 675

⑦ Kreuze alle Aussagen an, die wahr sind.

☐ Jede Zahl, die durch 8 teilbar ist, kann ich auch durch 4 teilen.

☐ 125 717 ist eine gerade Zahl.

☐ Der Februar hat jedes Jahr 28 Tage.

☐ 121 ist eine Quadratzahl.

☐ 99 999 ist die größte fünfstellige Zahl.

① 4 5 3 · 2 3

② 7 0 6 · 3 1

③ 6 5 1 · 2 5

④ 8 5 0 · 7 2

⑤ 6 3 3 · 2 8

⑥

·	2	5	7	9	3	6	8	4	10	1
12										
15										

⑦

+	6	500
2 904		
22 904		
19 504		
99 504		

⑧

−	60	7 000
60 000		
30 000		
50 040		
40 500		

⑨
```
    3 5 6 7 8
  + 1 3 7 0 9
```

⑩
```
    6 6 0 7 2
  + 2 1 9 4 1
```

⑪
```
      3 5 7
  + 6 2   6
        1
    8   7
```

⑫
```
    5 3 1 2 0
  -   9 3 6 2
```

⑬
```
    7 6 5 4 8
  - 3 9 2 6 3
```

⑭
```
      4 3 5
  - 6 1   2
      1
    2   6
```

① 6 7 5 : 5 =

Probe:

③ 6 7 5 : 1 5 =

Probe:

② 1 3 5 : 3 =

Probe:

Was fällt dir auf?

④ 5 7 4 : 2 =

Probe:

⑥ 5 7 4 : 1 4 =

Probe:

⑤ 2 8 7 : 7 =

Probe:

⑦

+	6	400
3 602		
33 992		
99 602		

⑧

–	50	3 000
10 000		
50 000		
20 020		

$$1\,kg = 1000\,g \qquad 1\,t = 1000\,kg$$

① 1 kg = _____ g

$\frac{1}{2}$ kg = _____ g

5 kg = _____ g

2 kg = _____ g

$\frac{1}{4}$ kg = _____ g

② 2 t = _____ kg

8 t = _____ kg

7 t = _____ kg

5 t = _____ kg

$\frac{1}{2}$ t = _____ kg

③ 400 g + _____ g = 1 kg

350 g + _____ g = 1 kg

825 g + _____ g = 1 kg

675 g + _____ g = 1 kg

530 g + _____ g = 1 kg

④ 600 kg + _____ kg = 1 t

175 kg + _____ kg = 1 t

925 kg + _____ kg = 1 t

150 kg + _____ kg = 1 t

260 kg + _____ kg = 1 t

⑤

Wie viel fehlt bis zum nächsten vollen Kilogramm?

525 g + _____ g = 1 kg

5 kg 350 g + _____ g = 6 kg

3,750 kg + _____ g = ____ kg

8,724 kg + _____ g = ____ kg

14 kg 50 g + _____ g = ____ kg

⑥ Ordne der Größe nach.

$\frac{1}{2}$ kg | 5 g | 3,7 t | 3 575 kg | 35 050 g | 0,3 t

_____

_____

①

die Hälfte		370					1 500
Zahl	120			840			
das Doppelte			840		1 120	1 300	

②

Zahl	400	1 600	2 000	2 400	4 000	
Viertel						

③ 530 000 +   8 = _____
530 000 +   80 = _____
530 000 +   800 = _____
530 000 + 8 000 = _____
530 000 + 80 000 = _____

④ 480 000 +   6 = _____
480 000 +   60 = _____
480 000 +   600 = _____
480 000 + 6 000 = _____
480 000 + 60 000 = _____

⑤ 820 000 −   5 = _____
820 000 −   50 = _____
820 000 −   500 = _____
820 000 − 5 000 = _____
820 000 − 50 000 = _____

⑥ 670 000 −   7 = _____
670 000 −   70 = _____
670 000 −   700 = _____
670 000 − 7 000 = _____
670 000 − 70 000 = _____

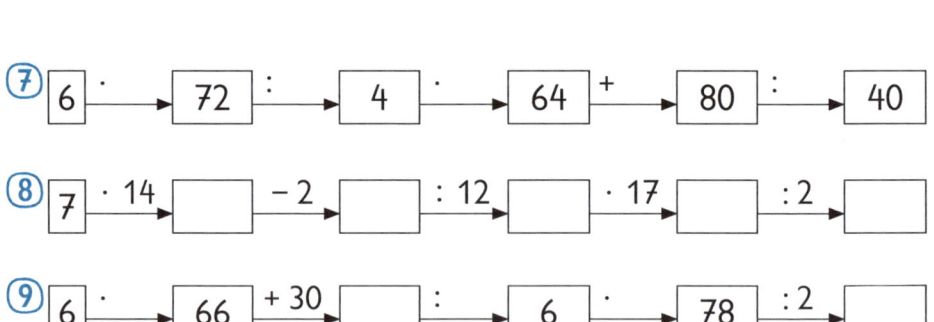

⑦ 6 —·→ 72 —:→ 4 —·→ 64 —+→ 80 —:→ 40

⑧ 7 —· 14→ ☐ —− 2→ ☐ —: 12→ ☐ —· 17→ ☐ —: 2→ ☐

⑨ 6 —·→ 66 —+ 30→ ☐ —:→ 6 —·→ 78 —: 2→ ☐

① 1 4 4 8 0 : 2 0 =

Probe:

② 1 0 2 4 0 : 2 0 =

Probe:

③ 1 6 7 4 0 : 2 0 =

Probe:

④

·			
2	12		
12		48	
20			180

⑤

·			
5			40
15		90	
50	450		

⑥ 12, 24, ____, ____, 60, ____, ____, ____   immer ____

⑦ 15, ____, ____, 60, 75, ____, ____, ____   immer ____

⑧ 150, 135, 120, ____, ___, ___, ___, ___   immer ____

⑨ 120, 108, 96, ___, ___, ___, ___, ____   immer ____

⑩ 40, 80, 120, ____, ____, ____, ____, ____   immer ____

⑪ 60, 120, 180, ____, ____, ____, ____   immer ____

Das kann ich schon!

① 36 = 1 · _____

36 = 2 · _____

36 = 3 · _____

36 = 4 · _____

36 = 6 · _____

36 = 9 · _____

36 = 12 · _____

36 = 18 · _____

36 = 36 · _____

② 24 = 1 · _____

24 = 2 · _____

24 = 3 · _____

24 = 4 · _____

24 = 6 · _____

24 = 8 · _____

24 = 12 · _____

24 = 24 · _____

1, 1, 2, 2, 3, 3, 4, 4, 6, 6, 8, 9, 12, 12, 18, 24, 36, 40

③ 2 000 − 360 = _____

3 000 − 450 = _____

4 000 − 560 = _____

5 000 − 775 = _____

6 000 − 775 = _____

④ 1 145 + _____ = 2 000

1 728 + _____ = 2 000

2 740 + _____ = 5 000

2 877 + _____ = 5 000

5 951 + _____ = 10 000

175, 272, 855, 1 640, 2 123, 2 260, 2 550, 3 440, 4 049, 4 225, 5 225

⑤ Kreuze an, was wahr oder falsch ist.

wahr falsch

Ich bin in der 4. Klasse.

Es gibt mehr ungerade als gerade Zahlen.

7 ist ein Teiler von 50.

360 ist das Dreifache von 120.

Der Rest von 35 : 6 ist 4.

Die Hälfte von 10 540 ist 5 220.

①

3	1	4	5	0	:	5	0	=		
					Probe:					

②

2	6	8	5	0	:	5	0	=		
					Probe:					

④

·				
30				
40				320
60			180	
80	400			

③

2	3	5	5	0	:	5	0	=		
					Probe:					

⑤

·				
20			0	
50				350
70	630			
90				

⑥ (275) (350) ( ) ( )

⑦ (775) ( ) (1 000) ( )

Das sind Rechenketten!

⑧ ( ) (4 250) ( ) (9 500)

⑨ (1 000) ( ) ( ) (1 000)

63

Rechentraining

① 1 9 7 2 0 : 2 0 =

Probe:

② 6 7 3 5 0 : 5 0 =

Probe:

③
2 kg = _____ g
$\frac{1}{2}$ kg = _____ g
10 kg = _____ g
3 t = _____ kg
15 t = _____ kg

④
$\frac{1}{2}$ min = _____ s
5 min = _____ s
$\frac{1}{4}$ h = _____ min
$\frac{3}{4}$ h = _____ min
6 h = _____ min

⑤

+	5	800
4 805		
14 805		
9 295		
99 295		

⑥

−	90	6 000
20 000		
90 000		
44 070		
14 070		

⑦

·			
15	45		
50		450	
20			120
12			

⑧

:	10	1	5
	6		
		30	
			20
400			